हम छोड़ेंगे नहीं
किताब

बालस्वरूप राही

AF518549

डायमंड बुक्स

www.diamondbooks.in

प्रकाशक : डायमंड पॉकेट बुक्स (प्रा.) लि.
X-30, ओखला इंडस्ट्रियल एरिया, फ़ेज़-II
नई दिल्ली-110020
फोन : 011-40712200
ई-मेल : wecare@diamondbooks.in
वेबसाइट : www.diamondbooks.in
संस्करण : 2025
मुद्रक : रेप्रो (इंडिया)

Ham Chhodenge Nahin Kitab

by : *Balswaroop Rahi*

नाम के अनुरूप काम

नाम ही बालस्वरूप है मेरा। क़लम संभाली तो बाल कविता लिखना स्वाभाविक था। सात भाइयों में मैं सब से छोटा था। घर में सब मुझे बालो कहते थे। मेरे बड़े भाई शेरो-शायरी के दीवाने थे। उन्हें उर्दू के बीसियों शेर याद थे। उर्दू में जिसे बैतबाज़ी कहते हैं- हिन्दी में वह अन्ताक्षरी कहलाती है। उर्दू के चुनिन्दा शेर सुन-सुन कर मैं भी तुकबन्दी करने लगा।

पहले नर्सरी राइम्स (बाल कविताओं) का बड़ा प्रचलन था। "ट्विंकल ट्विंकल लिटिल स्टार, हाउ आई वंडर व्हॉट यू आर" जैसी अंग्रेज़ी की नर्सरी राइम्स बच्चों को सुनाई जाती थीं। हिन्दी की एक शिशु कविता भी बड़ी लोकप्रिय थी-

चंदा मामा दूर के,
दही पकौड़े बूर के,
आप खाएं थाली में
हमें खिलाएं प्याली में।
प्याली गई टूट,
चन्दा मामा गए रूठ।

शिशु गीत सुनते-सुनते मैं भी तुकबन्दी करने लगा। धीरे-धीरे बाल कविताएं कहने की लत पड़ गई और मैं उत्साह से बाल कविताएं लिखने लगा। शुरूआती दौर में मेरी एक बाल कविता एक पत्रिका में छप गई तो मैं ख़ुशी से पागल हो गया। वह कविता कुछ ऐसे थी,

चन्दा मामा, चन्दा मामा,
मेरे आंगन में तुम आना,
कितने सुन्दर, कितने प्यारे,
मन को हर लेते हो हमारे।

पारिश्रमिकस्वरूप मुझे आठ रुपए मिले तो मेरा ठाठ हो गया। उसके बाद मैं बाल कविताओं में खो गया। यह मेरा सौभाग्य है कि पाठकों और श्रोताओं का भरपूर प्यार और प्रोत्साहन मुझे मिला है।

प्रस्तुत कविता-संग्रह *'हम छोड़ेंगे नहीं किताब'* मेरी सद्य:रचित बाल कविताओं का संकलन है। यह मैं बता दूं कि उम्र बढ़ने के बावजूद आज भी एक बच्चा मुझ में रचा-बसा है। वह मेरे दिल-दिमाग पर छाया हुआ है। वह मुझे क़लम छोड़ने नहीं देता। बस यही कहता है- 'भूल जाओ उमर को, कलम संभाले रहो।' मुझे इस बात की बड़ी ख़ुशी है कि बच्चे मेरी कविता गाते हैं, बड़े शौक़ से सुनते-सुनाते हैं! मुझे उम्मीद है कि इस संग्रह में सम्मिलित कविताएं भी बच्चों को भाएंगी और वे इन्हें गुनगुनाएंगे।

आज कम्प्यूटर बच्चों के दिल-दिमाग़ पर छाया हुआ है। इसके बावजूद कविता नेस्त-नाबूद नहीं हो सकती। कविता है तो हम हैं। कविता के बिना ज़िन्दगी अधूरी है।

–बालस्वरूप राही

अनुक्रम पृ.

सचिन आ गया

मम्मी के बुन्दे सुन्दर
पापा की टाई अच्छी,
मेरी कैप निराली सब से,
कहता हूं सच्ची-सच्ची।

पहने अपनी कैप पार्क में–
क्रिकेट खेलने जाता जब,
'सचिन आ गया, सचिन आ गया',
शोर मचाते बच्चे सब।

कार

यह छोटी-सी कार है,
मगर धमाकेदार है।
जल्दी टिकट कटाओ जी,
चलने को तैयार है।

इधर खड़ी यह रेल है,
भारी रेलमपेल है,
करो बैठने का नाटक,
झूठमूठ का खेल है।

चमक रहा चेहरा चमचम

पूछ रहे क्यों– कैसे हैं?
हम क्या ऐसे वैसे हैं?
चमक रहा चेहरा चमचम,
गाल टमाटर जैसे हैं।

उलटा-सीधा खाते कम,
हंसते रहते हैं हरदम,
जूस पिया करते ठंडा,
खाना खाते गरम गरम।

मारा छक्का

बैट पकड़ हाथों में पक्का,
पप्पू जी ने मारा छक्का।
गेंद फेंकने वाला सोनू,
खड़ा रह गया हक्का-बक्का।

देख मैच टी.वी. पर आला,
बॉबी हुआ बड़ा मतवाला,
उस ने पापा से मंगवा कर
टीवी को पहना दी माला।

साइकिल

मेरी साइकिल है रंगीन,
लगे हुए हैं पहिए तीन,
अगर चला दूं तेज़ इसे
यह पहुंचे सीधी कोचीन।

जादूगर

खेल दिखाता है जादूगर,
कर देता चीजें छूमन्तर।
एक रोज़ इस की चालाकी
मैं पकड़ूंगा पीछे छुपकर।

बस में बस्ता

चढ़ता बस में जब ले बस्ता,
हो जाती है हालत ख़स्ता।
धमाचौकड़ी में बच्चों की
मुश्किल से मिल पाता रस्ता।

बस्ता रख दूं अगर सीट पर
तो मैं बैठूं कहां सुकड़ कर?
जो बस्ता हल्का करवा दे
वह ही होगा सच्चा टीचर।

शूज़

मिले शूज़ लाइट वाले,
मैंने फेंक दिए काले।
अब जब बत्ती होगी गुल,
टॉर्च नहीं लूंगा बिल्कुल।

शूज़ पहन कर उछलूंगा,
कमरा जगमग कर दूंगा।

हम भी नाचें

हाथी नाचे झूम-झूम कर,
भालू नाचे घूम-घूम कर,
बन्दर नाचे फुदक-फुदक कर,
चिड़िया नाचे कुदक कुदक कर।

आओ बन कर कृष्ण कन्हैया,
हम भी नाचें ताता थैया।

दांत

दांत दूध के कच्चे थे,
फिर भी काफी अच्छे थे।

टूट गए तो टूट गए,
अब आएंगे नए-नए।
उन को ख़ूब संभालूंगा,
मोती - सा चमका दूंगा।

बन्दर

घर के अन्दर घुस कर बन्दर
फ़्रिज तक खोल लिया करते।
खों-खों कर के रौब जमाते,
नहीं डराए से डरते।

निडर घूमने वाले बन्दर
लंगूरों से डरते हैं,
उन्हें देखते ही सब के सब
तुरत चौकड़ी भरते हैं।

टब

स्विमिंग पूल जैसा मेरा टब
गोल मटोल सुनहरा है।
चाहे दिखने में छोटा हो,
वैसे काफ़ी गहरा है।

उस में पानी भर ऊपर तक
छप छप ख़ूब नहाता हूं,
अपने साथ खिलौनों को भी
साबुन से नहलाता हूं।

पीज़ा

है खाने की चीज़ मगर कहते हैं पीज़ा,
पी कर दिखलाए चाचा, या पिए भतीजा।

पीज़ा, बर्गर जम कर खाते साली-जीजा,
लेकिन बार-बार खाओ तो बुरा नतीजा।

छोटू बन जाता है मोटू, तोंद निकलती,
पड़ जाते बीमार, तबीयत गड़बड़ चलती।

पुस्तक

कितना ज्ञान समेटे पुस्तक,
पहुंचा देती इस से उस तक।
लेकिन जैसा पढ़ा - पढ़ाया,
वैसा हम ने कम ही पाया।

पुस्तक में जैसे मिलते हैं,
वैसे फूल कहां खिलते हैं?
कुहू कुहू का शोर कहां है,
आस-पास अब मोर कहां है?

जुगनू कम ही जगमग करते,
हिरन चौकड़ी छिप कर भरते।
चिड़ियाघर में क़ैद हिरन हैं,
सूखे पत्तों वाले वन हैं।

दादू जी हम को सिखला दो,
पुस्तक में जो है दिखला दो।
पुस्तक जैसी दुनिया कर दो,
या फिर पुस्तक में सच भर दो।

सूरज

बटन दबाते ही चल पड़ते
फ्रिज, टी.वी., कम्प्युटर,
बत्ती जलती, पंखा उड़ता-
पर फैला कर फर फर।

और न जाने क्या क्या चलता
जब हम बटन दबाते,
क्या तुम ने सोचा है वे यह
शक्ति कहां से पाते?

बिजली, पेट्रोल, डीज़ल का है
सारा खेल-तमाशा,
अणु-परमाणु बने हैं अब तो
अधिक प्रगति की आशा।

पर ये सारे मिल कर सूरज
और हवा से हारे,
उन के आगे ये सब लगते
सहमे से बेचारे।

सूरज तो ऊर्जा देता है
हमें बहुत सस्ते में,
उस के पैसे रख सकते हो
तुम अपने बस्ते में।

चलो सौर्य उर्जा से अपनी
मुश्किल हल करवाएं,
हम भी अपने घर की छत पर
उसे बुला कर लाएं।

किस का साथ सुहाता है

सभी तितलियां रंग-बिरंगी
सारे भौंरे काले हैं,
दोनों ही फूलों के प्रेमी
ख़ुशबू के मतवाले हैं।

कभी-कभी यह प्रश्न अचानक
दिल-दिमाग़ पर छाता है,
इन दोनों में से फूलों को
किस का साथ सुहाता है?

उत्तर मात्र एक संभव है–
दोनों उस के प्यारे हैं,
दोनों के ही कारण तो
फूलों के वारे-न्यारे हैं।

तितली रंग जमा देती है,
भौंरे गीत सुनाते हैं।
रूप और संगीत फूल को
दोनों बहुत सुहाते हैं।

कम्प्यूटर

कम्प्यूटर कम नहीं किसी से,
दुनिया चलती आज इसी से।

बच्चों के तो मज़े आ गए,
तरह-तरह के खेल पा गए।

खेल-खिलौने बड़े अनोखे,
मंगा रहे बच्चे ख़ुश हो के।

कार्टून तो छाए इस पर,
जितने चाहो देखो हंस कर।

कम्प्यूटर की दुनिया न्यारी,
बच्चों को तो सब से प्यारी।

कम्प्यूटर का मज़ा चखो जी,
लेकिन पुस्तक पास रखो जी।

साइकिल

अंधाधुंध साइकिल न चलाना
धुंध भरी है सड़कों पर,
गली-गली भी धुंधली-धुधली
धुआंधार जाना न उधर।

बच्चों को समझाया लेकिन
सूझ-बूझ उन की है भिन्न,
चलते अपनी चाल, पड़ो गर
पीछे तो हो जाते खिन्न।

बाल ग़ज़ल

पापा! चलो ढूंढ कर लाएं कोई ऐसा गुब्बारा,
जिसे देख कर सब यह कह दें - 'वाह, वाह, कितना प्यारा।'

मैंने देखे हैं पटरी पर बिकते ढेरों गुब्बारे,
जाने कौन-कौन फिरता है सड़कों पर मारा-मारा।

तौंदू-भौंदू गुब्बारों का मुझे भला क्या करना है,
चलो मॉल में पापा! माल मिलेगा सब से ही न्यारा।

अब तो तरह तरह के गुब्बारे दुकान पर मिलते हैं,
वायुयान, मछली, पतंग, नौका, ढम ढम ढम इकतारा।

मुझ को वायुयान दिलवा दो, उसे उड़ाऊंगा जम कर
मित्रों में भी गूंज उठेगा, वाह वाह का ही नारा।

छोटी हूं

वैसे तो मैं छोटी हूं,
पर थोड़ी-सी मोटी हूं।

फूले-फूले मेरे गाल,
रंग गुलाबी, हल्का लाल।

दादी कहती-फल खाओ,
मैं कहती-टॉफ़ी लाओ।

दादी करती लाड़-दुलार,
सोती हूं मैं पांव पसार।

बरखा रानी

बरखा रानी ! राज तुम्हारा जहां कहीं भी छाया है,
वहां-वहां पर बच्चे का मन मुसकाया - हर्षाया है।

तपते तपते गरम धूप में
कई महीने निकल गए,
फूलों की तो बात छोड़िए,
पत्थर तक भी पिघल गए।

बूंद बूंद है मोती जैसी, मन होता मुट्ठियां भरो,
बौछारों ने उछल-कूद की इच्छा को उकसाया है।

बैठ गए हम तो खिड़की में,
बौछारें हैं घुमड़ रहीं,
आंगन तक में छैल छबीली
जल की पाँतें उमड़ रहीं।

पापा हमें थमाते छतरी जब भी छत पर जाते हम,
बाथरूम के गीलेपन को आंगन ने अपनाया है।

टीचर जी होंगी कक्षा में,
हम अपना माहौल गढ़ें,
अपना तो मन यही कर रहा–
बस घर में कॉमिक्स पढ़ें।

हम ने तो छुट्टी मारी है, मिली हमें जो घुट्टी में,
बड़े दिनों के बाद हमें तो मौसम ने उकसाया है।

बरखा रानी बड़ी सयानी
सब को ही तर करती है,
गली-मोहल्ला नहीं देखती,
घर-घर में घर करती है।

आसमान तो धुंधलाया है, लेकिन बिजली चमक रही,
वातावरण पसीने में तर बच्चे - सा मुसकाया है।

घड़ी

पहले टिक-टिक करती थी,
नहीं किसी से डरती थी,
अब चलती चुपचाप घड़ी,
छोटी हो या बहुत बड़ी।

स्कूल वैन भी बदल गई,
देखो कितनी संभल गई।
चुपके-से आ जाती है,
बच्चों को चौंकाती है।

नया ज़माना आया है,
कितनी चुप्पी लाया है।
शोर-शराबा दूर हुआ,
चुप रहना दस्तूर हुआ।

हम भी क्लास रूम में अब,
शोर मचाते बोलो कब?
अच्छे नम्बर पाएंगे,
बस तब शोर मचाएंगे।

झील

मेरे घर के आस-पास है
एक झील बेहद सुन्दर,
लोग तैरते अक्सर उस में
दूर-दूर से आ-आ कर।

बुला किसी नाविक को हम भी
ख़ूब लगाते हैं चक्कर,
बच्चे इस में नहा-नहा कर
बन जाते बेहद सुन्दर।

इस में पौधे लगे हुए हैं,
खिलता रहता यहां कमल,
बस दरपन जैसा लगता है
दूर-दूर तक फैला जल।

हंस तैरते हैं जब इस में,
रौनक़ बेहद बढ़ जाती,
मंडराते हैं कई कबूतर,
चूं - चूं कर चिड़िया गाती।

अगर तैर पाता मैं भी तो
पूरा मज़ा मुझे आता,
सभी देखते उत्सुकता से,
मैं भी हीरो बन जाता।

मोबाइल

मेरे जन्मदिवस पर जब से
पापा ले आए मोबाइल,
मैं ने बना रखी है तब से,
कई सूचनाओं की फ़ाइल।

मित्रों से चलते रहते हैं
सुबह-शाम मनचाहे क़िस्से।
मुझे पता चलता रहता है,
क्या आया है मेरे हिस्से।

मैं तो मोबाइल में खोया,
यह तो मुझ पर छा जाता है,
बाज़ारों का ठाट-बाट सब
मोबाइल पर आ जाता है।

मैं ने खोया नहीं स्वयं को
मोबाइल की ताम-झाम में,
अब भी पूरी तरह लगा हूं
हर आवश्यक काम-धाम में।

अब भी अपनी हर पुस्तक पर
पूरा प्यार लुटाता हूं मैं,
मुझ से जो छोटे हैं उन को
पढ़ कर स्वयं सुनाता हूं मैं।

○

चमके तारे

आसमान में चमके तारे
हम चमकेंगे धरती पर,
धरती को भी चमकाएंगे,
जैसा चमकीला अम्बर।

नाम कमाना क्या मुश्किल है
लग जाए यदि हमें लगन,
अगर मान लें हम शोहरत को
जग का सब से प्यारा धन।

दुनिया तो है ही चमकीली,
उसे और चमकाना है,
अपनी सतत साधनाओं से
उस का मान बढ़ाना है।

कुछ भी बड़ा नहीं प्रतिभा से
उस की शान बढ़ाएंगे,
झूठ-मूठ की ताम-झाम, तज,
सच्चा ज्ञान बढ़ाएंगे।

आम

यों तो है भरमार फलों की–
पर सब से स्वादिष्ट आम है।

नाम 'आम' हो चाहे, लेकिन–
सभी फलों में ख़ास यही है,
इस का रूप-रंग मोहक है
और स्वाद भी बड़ा सही है।

आम शौक़ से खाता हूं मैं
और मुझे क्या ख़ास काम है।

ख़रबूज़ा, अंगूर, सेब भी
बच्चों को तो ख़ूब लुभाते,
मगर आम हैं अलग सभी से
दिल-दिमाग़ पर ये छा जाते।

जब भी मिल जाते खा लेते,
इन की चाहत सुबह - शाम है।

आम दसहरी, चौसा, लंगड़ा,
आ जाते हैं दूकानों पर,
ग्राहक टूट-टूट पड़ते हैं,
मुश्किल से लगता है नम्बर,

सभी फलों में अलग चमकता
इतनी सुन्दर ताम-झाम है।

पिता

पिता! बनाओ मुझ को ऐसा,
मैं भी बन जाऊं तुम जैसा।

जैसा प्यार लुटाया मुझ पर,
भूल न पाऊंगा जीवन-भर।

तुम ने किया परिश्रम जम कर
बिना बात कब बैठे थम कर।

संघर्षों से कभी न टूटे,
तुम ने किए न वादे झूठे।

तुम ने जम कर नाम कमाया,
पैसा तुम्हें न ललचा पाया।

बच्चों को भी ख़ूब संभाला,
हम को बड़े शौक से पाला।

तुम बच्चों पर जान छिड़कते,
नहीं दूसरों का मुंह तकते।

हम भी तुम जैसे बन जाएं,
राह तुम्हारी हम अपनाएं।

मां

यों तो पापा भी अच्छे, पर
सब से ज़्यादा प्यारी मां।
जितना प्यार मुझे वह देती,
दे पाएगा कौन यहां।

जो कुछ भी हूं आज, बनाया
मां ने ही सब से ज़्यादा।
वह ही मुझ को चतुर बनाती
मैं तो हूं सीधा-सादा।

मेरे कष्ट झेलती है वह,
देती है आराम सभी,
मैं तो ज़्यादा ध्यान न देता,
'हैलो' कहता कभी-कभी।

मां के चरणों पर जो बच्चा
अपना शीश झुकाता है,
थोड़ा-बहुत क़र्ज़ ममता का
बच्चा वही चुकाता है।

हरे-हरे पत्ते

कौन पूछता है पत्तों को,
सब फूलों के दीवाने।
कौन यहां कहता है पत्ते–
मेरे जाने-पहचाने।

हरे-हरे पत्तों की शोभा
क्या फूलों से होती कम?
मोती जैसी चमका करती
जब उन पर छाती शबनम।

फूल महकते केवल कुछ दिन,
जल्दी ही मुरझा जाते।
पत्ते हरे-भरे रहते हैं,
वे पौधों पर छा जाते।

हरियाले पत्तों से भी तो
गुलदस्ता सज जाता है,
आस-पास उस के मंडरा कर
पत्ता उसे सजाता है।

आइसक्रीम

पापा जी कॉफ़ी पीते हैं,
मैं खाता हूं आइसक्रीम।
जैसे ही पैसे मिलते हैं,
ले आता हूं आइसक्रीम।

पहले तो कुल्फ़ी चलती थी,
था रिवाज उस का भरपूर,
ले आते सब भाग-भाग कर,
हो दुकान कितनी भी दूर।

आइसक्रीम मगर मिल जाती
सभी जगह बाज़ार में,
उस के तो विज्ञापन छपते,
बार-बार अख़बार में।

कई तरह की आइसक्रीमें
हम बच्चों को रहतीं याद,
मुझे लुभाता सब से ज़्यादा
चॉकलेट वाली का स्वाद।

पीते पीते चाय मुझे तो
आइसक्रीम बुलाती यार,
सर्दी में लेकिन वह भी तो
टा-टा कर जाती हर बार।

होली

दीवाली है चमक दमक उजियाले का त्योहार,
होली रंग-बिरंगी मादक खुशियों का उपहार।

होली का अन्दाज़ निराला,
पूरा वातारण संभाला।
बच्चा हो या बड़ा सभी को
गहरे रंगों में रंग डाला।

चमचम चमक रहा चेहरों पर मस्ती भरा गुलाल,
पिचकारी ने बरसा दी है रंगों की बौछार।

फूल महकता जैसे खिल कर,
हम भी ख़ुशी मनाएं मिल कर।
जैसे कोई टीम चहकती,
जीत बड़ी कोई हासिल कर।

होली हमें सिखाती - भूलें हम आपस के बैर,
धक्का-मुक्की छोड़ सभी अपनाएं लाड़-दुलार।

ब्रज की याद दिलाती होली,
कृष्णा भर देते थे झोली,

लोग सुना करते थे बंसी,
भूल-भाल कर कड़वी बोली।

वृन्दावन की याद दिलाता होली का माहौल,
बैर-भाव के भेद मिटा कर देता प्यार अपार।

मोबाइल

पहले तो चलती थी फ़ाइल,
आज मगर चलता मोबाइल।

बच्चे हों या बड़े, सयाने,
सब मोबाइल के दीवाने।

गिटपिट-गिटपिट करते रहते,
सब कुछ मोबाइल पर कहते।

मोबाइल की शान निराली,
यन्त्रों में पहचान निराली।

सब से अलग तमाशा इस का,
साथ दिला देता जिस-तिस का।

मोबाइल हम भले संभालें,
पर उस में ख़ुद को मत ढालें।

पुस्तक, कॉपी, खेल-खिलौने,
बन जाएंगे औने-पौने।

राम बने आदर्श हमारे

काम करूंगा मैं तो अच्छे, सुबह करूं या शाम,
मुझ को तो अच्छे लगते हैं सब से ज़्यादा राम।

बड़ा सहज था उनका बचपन
बांध न पाया कोई बंधन,
नाम भले ही रामचन्द्र था,
पर चमके जगमग सूरज बन।

मेरा भी हो नाम उजागर, पहचानें सब लोग,
मैं भी सदा करूंगा मन से केवल अच्छे काम।

तीर निशाने पर लग जाए,
मेरी भी क़िस्मत जग जाए,
बड़ी लगन से पढ़ूं, बढ़ूं मैं,
कभी नहीं सुस्ती ठग जाए।

कभी न छोड़ूं मैं जीवन में आदर्शों का हाथ,
मिले सफलता राम सरीखी, अच्छा हो हर काम।

अगर जिएं अच्छाई क्षण-क्षण,
हरा न सकता कोई रावण।
अगर राम का नाम रटें तो,
मोती बन जाता है कण-कण।

मेरे तो आदर्श राम हैं, थाम रखा है हाथ,
अच्छा काम करेंगे तो होगा अच्छा परिणाम।

हम छोड़ेंगे नहीं किताब

सोमवार हो या इतवार,
बना बहाने बस दो-चार,
बड़े शौक़ से हो तैयार,
हम भी जाते हैं बाज़ार।

कम्प्यूटर हो या अख़बार,
विज्ञापन की लगी क़तार,
भरमा जाता सोच-विचार,
क्या छोड़ें, क्या ले लें यार!

पर हम ने तय किया जनाब!
हम छोड़ेंगे नहीं किताब!
सब से ऊंचा होता ज्ञान,
उस से नीची हर दूकान!

○○○